AF548141

Brigitte Reimann

In der Erinnerung sieht alles anders aus

Brigitte Reimann

In der Erinnerung sieht alles anders aus

Bilder
Anke Feuchtenberger

steffen verlag

Herausgegeben von Heide Hampel

Textauswahl gemeinsam mit Winfried Braun

»In der Erinnerung sieht alles anders aus. [...] Es fällt mir so schwer, nachträglich zu werten. Hinterher korrigiere ich herum und weiß schließlich nicht mehr, was wahr ist, was zurechtgemacht.« So schrieb Brigitte Reimann (*1933) am 30. April 1964 in ihr Tagebuch.

Die Erinnerung – dieses schwer ins Bild zu setzendes Geheimnis. Sie lässt sich nicht dingfest machen und alleinig bei dem Versuch verwandelt sie sich unbesehen. Der Schriftsteller Uwe Johnson erfand die metaphorische »Katze Erinnerung«. Ein undurchschaubares Wesen mit vielen Leben, eigensinnig und eigenwillig, das sich jeglicher Domestikation widersetzt, ungerufen kommt und unerlaubt geht – die Erinnerung.

Dieses geistige Wunder nutzte Brigitte Reimann kunstfertig als Grundstruktur in ihrem letzten großen Roman »Franziska Linkerhand«, der einen exponierten Platz in der neueren deutschen Literatur einnimmt. Die junge Architektin Franziska erzählt ihre Geschichte dem Geliebten, den sie einbezieht in ihre leidenschaftliche Suche nach der klugen Synthese zwischen dem Machbaren und dem Möglichen, dem Raum mit menschlichem Maß, dem Platz für persönliche Erfüllung, in einer lebenswerten Gesellschaft.

Eine Vision, formuliert und ausprobiert vor 100 Jahren z.B. von den Akteuren der Bauhaus-Bewegung, erneut aufgenommen und überdacht vor fast 50 Jahren von einer jungen Schriftstellerin – es ist eine anderen Zeit, in einem anderen Land.

Die Künstlerin Anke Feuchtenberger (*1963) positioniert eine überdimensionale schwarze Katze mit gelben Augen sinnbildlich in eine feindlich anmutende Industrielandschaft.

Menschen werden ungefragt ins Leben geworfen, wahllos die Zeit wie der Ort. Sie suchen nach einem Platz, der wärmt, nährt und Schutz verspricht. Während sie sich tätig zu sozialen und politischen Wesen entwickeln, erkennen sie, zweifeln und irren, beharren und eilen ihrer Zeit voraus. Sie schmecken das volle bittersüße Leben, sehnen sich nach Schönheit und suchen nach Liebe solange sie atmen.

Über Brigitte Reimann meinte der Literaturkritiker Marcel Reich-Ranicki, sich nicht zu erinnern, »das Buch einer Frau in deutscher Sprache gelesen zu haben, in dem die Sehnsucht nach Liebe mit einer solchen Sinnlichkeit und Intensität gezeigt wurde«.

Eine der ersten Frauen, die sich in Deutschland dem künstlerischen Comic und der graphic novel zuwendete, ist Anke

Feuchtenberger. Und sie ist eine intime Kennerin der Biografie und des Werkes von Brigitte Reimann. Schon als 15-Jährige las und besprach sie mit einer gleichaltrigen Freundin den Roman »Franziska Linkerhand«. Die Schriftstellerin mit ihrer literarischen Figur habe sie in das Erwachsenwerden begleitet und geprägt, resümiert sie.

In der erneuten, nun künstlerischen Auseinandersetzung mit diesem Lebensthema begab sich die Nachgeborene auf eine Zeitreise. Parallel zu Reimann las sie Biografisches zu Christa Wolf und Ingeborg Bachmann und erlangte vor dem Hintergrund der eigenen Lebenserfahrung eine vertiefte Sicht auf die historisch-politisch-kulturellen Lebensumstände der Generation der Mütter.

Es entstanden 26 großformatige Bilder, jedes für sich ein inhaltlich wie formal eigenständiges Gebilde. Die Reihenfolge der Kunstwerke ist in erster Linie biografisch bestimmt.

Begleitend ist jedem Bild der Ausschnitt eines Zitates mitgegeben wie eine vage Erinnerung, ein Nachhall, verstörend, inspirierend. Bewusst ist die gewebeartige Struktur des Romans »Franziska Linkerhand« aufgenommen, um etwas in die Gegenwart zu holen, das neue Beziehungen und neue Netze knüpft.

Mit diesem konkreten literarischen Bezug erhält der Betrachter den Schlüssel für eine erweiterte bereichernde Interpretation.

»Eingeweihte werden ihren Papageiengelbpyjama, die Pantöffelchen mit den Pompons, jenen Pullover mit der Halskordel, den Burger Bahnhof, die Stalinallee in Ost-Berlin, die Silhouetten von Hoyerswerda, den Neubrandenburger ›Kulturfinger‹ im Stadtzentrum und anderes entdecken und wiedererkennen«, vermutet die Künstlerin.

Sinnierendes Erinnern herauszufordern, das ist ein absichtsvolles Anliegen des vorliegenden Zusammenspiels von Literatur und Bildender Kunst. Ist es doch notwendiger denn je, sich der eigenen Werte und Sehnsüchte bewusst zu werden sowie die veränderte Sicht wahrzunehmen in der Begegnung mit den prägenden Vorbildern auf der Suche nach dem eigenen Weg.

Mit der Zeit hat sich ein ambivalentes Verhältnis entwickelt, das trotz allem nichts von seiner geistigen und emotionalen Bedeutung verloren hat.

Eine Hommage ist entstanden – aus vielerlei Gründen.

Heide Hampel
2019

… als Ihnen bewußt wurde

Als Ihnen bewußt wurde, daß Sie jemand sind … daß Sie in die Welt gekommen sind und aus der Welt wieder weggehen werden, nach einem Leben, das sechzig oder siebzig Jahre dauert, falls nicht Krieg oder Krebs oder ein verrücktes Auto … also siebzig Jahre im Glücksfall. Und als Sie wußten, daß Ihnen ein Leben gehört: was wollten Sie daraus machen?

Franziska Linkerhand*

Ich finde es schrecklich, daß man nur ein einziges, unwiederholbares Leben hat. Ohne die kleinste Chance, noch einmal und anders anzufangen, wenn man am Ende sieht, daß es verfehlt war.

Franziska Linkerhand*

In gewissen Stunden sind wir geneigt, uns für den Nabel der Welt zu halten, nicht wahr? uns zu fragen: Wie ist es möglich, daß die Erde sich weiterdreht, daß die Menschen schlafen und arbeiten und sich lieben und zanken und sterben, ganz ahnungslos, ganz unberührt …

Das Mädchen auf der Lotosblume

sei es durch ein Kind

Woher kommt diese Haltung »Uns kann nichts mehr imponieren«? Vielleicht ist es eine Art Abwehr, eine Art Selbstschutz, weil die Differenzen zu groß werden zwischen dem, was im Weltall und was auf der Erde geschieht.
Alles schmeckt nach Abschied

Wir ließen unsere Welten unter den Namen ICH und WIR gegeneinander antreten.
Das grüne Licht der Steppen*

Ich kann eine gewisse Sympathie mit den Ideen dieses Staates nicht verhehlen, mit seinen großen Gedanken von fraternité und befreiter Menschlichkeit, aber es ist eine Sache, Gedanken zu proklamieren, eine andere, sie in die Tat umzusetzen.
Franziska Linkerhand

Man kann sich keine private Welt schaffen, säuberlich getrennt von der, die uns umgibt.
Brigitte Reimann – Hermann Henselmann

vielleicht liebe ich nur etwas Vergangenes

Wir sammeln Bücher und schöne Möbel und haben Liebeskummer. Ist das nicht der uralte Aberglaube des »Mich trifft es ja nicht«? Sind wir schon reifgeschossen für den nächsten Krieg?
Ich bedaure nichts*

Vielleicht hat auch Damokles schwarze Witze gerissen, nachdem er sich an das Schwert gewöhnt hatte.
Franziska Linkerhand

Wir haben gelernt, den Mund zu halten, keine unbequemen Fragen zu stellen, einflußreiche Leute nicht anzugreifen, wir sind ein bißchen unzufrieden, ein bißchen unehrlich, ein bißchen verkrüppelt, sonst ist alles in Ordnung.
Franziska Linkerhand

Ich benehme mich ganz natürlich, ich sage nur, was ich denke, und tue, was ich sage. Das ist so normal, daß es andere anormal finden.
Ich bedaure nichts*

nicht zufällig an dieses Ufer getreten

Wir mußten uns selbst immer wieder bestätigen, daß wir richtig gewählt hatten, daß wir übergelaufen waren in die schönste aller Welten – sie mußte vollkommen sein, wir durften uns nicht geirrt haben.

Franziska Linkerhand

Ich finde nicht belächelnswert, was einmal Ausdruck von Triumph und Selbstbestätigung war; es ist töricht, rechtend zurückzuschauen, und ärgerlich ist die glatte Zufriedenheit derer, die es schon immer besser gewußt haben …

Das grüne Licht der Steppen*

Die Theorien über die attraktivere Vergangenheit stimmen nicht mehr.

Ich bedaure nichts

Man kann revolutionären Elan noch so oft von Tribünen verkünden – im Alltag, heute, wirkt er anachronistisch, beinahe komisch.

Grüß Amsterdam

er kommt aus dem Takt

Du weißt nicht alles von einem Haus, wenn du nicht auch in den Keller hinabgestiegen bist. Ich steige nicht gern die schlechtbeleuchteten Treppen hinab, aber jetzt bin ich im Keller, und ich sehe das alte Gerümpel.

Die Geschwister

Wer trennt sich schon gern von seinen Idealen?

Grüß Amsterdam

Zum Glück hält der Mensch viel aus (mehr, als er für möglich hält), und er ist ein vergeßliches Wesen.

Grüß Amsterdam*

Der Bürger flucht und gewöhnt sich.

Das grüne Licht der Steppen*

Schweigen kann beredter sein als das lauteste Geschrei.

Grüß Amsterdam*

in den Keller hinabgestiegen

Taktik ist kein Synonym für Unaufrichtigkeit.
Die Geschwister

Denken ist die erste Bürgerpflicht, mitreden ist die zweite.
Die Geschwister

Unbehagen, ein stiller Widerstand –
das ist doch noch keine Haltung.
Alles schmeckt nach Abschied

Man tut, was man kann, aber das ist zu wenig.
Franziska Linkerhand*

Gemütlichkeit wärmt, wer warm sitzt, wird träge.
Franziska Linkerhand*

Trägheit hat kein Gesicht.
Das grüne Licht der Steppen*

ein einziges unwiederholbares Leben

Unrecht dulden ist soviel wie Unrecht tun.
Alles schmeckt nach Abschied

Es ist so bequem, feige zu sein.
Ich bedaure nichts*

Wie kann denn einer seine Ruhe haben wollen
in dieser unruhigen Welt?
Die Geschwister

Eine komische Sorte Glück, das nur für Minuten vorhält …
Ankunft im Alltag*

Bloßer Anstand ist eben kein Ausweg,
sondern bestenfalls ein Notausgang.
Ich bedaure nichts*

Wer sich in die Provinz begibt, kommt darin um.
Franziska Linkerhand

Nabel der Welt

Geduld ist die hervorstechendste Eigenschaft »unserer« Menschen. Es wird geschimpft, es kursieren Witze, im übrigen gibt es keine Anzeichen für eine Stimmung, die mit einem stärkeren Wort als Unzufriedenheit zu bezeichnen wäre.
Alles schmeckt nach Abschied

Es gibt gewisse Dinge, über die ein Mensch
mit einem Rest an Gewissen nicht hinwegkommt.
Ich bedaure nichts

Immerzu Kraftproben, das geht einem auf die Nerven.
Alles schmeckt nach Abschied

Es ist eben ein Irrtum zu glauben,
daß eure schlichten Wahrheiten lebendiger werden,
wenn ihr sie nur oft genug wiederholt.
Die Geschwister*

Fertiges langweilt mich

Fort, fort auf eine einsame Insel, fliehen wie Gauguin, aber wo gibt es schon Inseln ohne Truppen, ohne Parteien, ohne Touristen? Lächerliche Wünsche.

Alles schmeckt nach Abschied*

Eine Luft zum Ersticken …
Alle Fenster nach draußen verrammelt, die Türen abgeschlossen, wir sind unter uns und finden uns in Ordnung.

Franziska Linkerhand

Keine Mauer ist so stark, daß sie nicht eines Tages einfiele …

Franziska Linkerhand

»Freiheit« ist ein dubioses Wort.

Alles schmeckt nach Abschied*

Das Volk. Verzeihen Sie, das ist Lyrik.

Franziska Linkerhand*

die schlecht beleuchteten Treppen

Man hat nicht immer Sicherheit, wünscht sie auch nicht …
Man geht eine unbekannte Straße lang,
auch wenn am Ende der Straße keine Laterne brennt.
Franziska Linkerhand

Ich mag Leute, die gern und ausgelassen lachen, die nicht mit sich geizen; ich habe meist gefunden, daß die Verschwender mehr Reserven haben als die Krämer, die ihr Gesicht ängstlich hüten, ihre Kraft und Empfindung rationieren.
Das grüne Licht der Steppen*

Weil wir jung sind – das ist eine Zauberformel,
die gar nichts beweist.
Das grüne Licht der Steppen

Es ist kein Verdienst, glänzende Aufgaben mit Glanz zu lösen.
Die Welt bewundert immer Phantasten und Blender;
sie profitiert von dem Unentbehrlichen,
der seine tägliche Pflicht tut, und übersieht ihn.
Franziska Linkerhand*

ein vergeßliches Wesen

Bloß reden Sie keinen verdammten Quatsch vom Sterben …
Sind Sie denn gar nicht neugierig? Auf das Wetter von morgen,
auf die Post im Briefkasten – ein Brief, der alles verändert –,
auf das, was hinter der nächsten Straßenecke ist,
ein Mensch, ein Wunder …

Franziska Linkerhand

Daß ein bißchen Feuerzauber und Voodoo auch dazu gehört,
weil der Mensch nicht auskommt ohne Glaube, Liebe, Hoffnung,
und die exakteste Forschung nicht ohne Spinnen und Spekulieren –
jeder Formel ist ein Traum vorausgegangen.

Franziska Linkerhand*

Nach jeder Katastrophe, als Feuer vom Himmel fiel oder
als die große Flut kam, war der Mensch wieder da und
erhob seine Stimme und sandte die Taube aus …
was auch geschieht, der Mensch wagt immer wieder die Dauer.

Franziska Linkerhand*

… alles hat seinen Preis

Wir sind nicht zufällig an dieses Ufer getreten, und die *Familie,* die wir versunken und vergessen glaubten, schickt ihren Ruf über das Wasser. Wer sind wir?

Die Geschwister*

Wir empfangen, was die Generation vor uns geschaffen hat, »als ob es so sein sollte«, es soll so sein, darin vollendet sich der Sinn ihrer Mühen. Jede Generation empfindet ihre eigene Arbeit als Fortsetzung und Vorbereitung, und während sie nimmt, gibt sie schon weiter …

Das grüne Licht der Steppen*

Ich weiß von mir zuhaus, daß Mütter sich über die Sorgen ihrer Töchter mehr grämen als die Töchter selbst.

Grüß Amsterdam

ich werde nie alt

Manchmal komme ich mir vor wie eine Maschine, die immer funktioniert und funktioniert, weil sie einmal in Gang gesetzt worden ist, und ich habe es so satt, Kraft für zwei aufzubringen und auch den Dritten noch anzuspornen, gleichzeitig Frau und Geliebte und Schriftstellerin und Wäscherin und hundert anderes zu sein.
Ich bedaure nichts

Wo gehobelt wird, fallen Späne. Aber ich will nicht der Span sein, den der Hobler unter seinem Fuß zertritt.
Die Geschwister

Alles auf der Welt hat seinen Preis, auch die Gleichberechtigung: Die Männer bitten zur Kasse. Die Frau ist Kollegin, Mitarbeiterin, Konkurrentin geworden, ihr Anspruch auf Höflichkeit und zarte Schonung gestrichen. Sie mißfällt, wenn sie Schwäche verrät, und mißfällt, wenn sie sich stark macht. Sie ist tüchtig oder nicht tüchtig genug und als Vorgesetzte einfach ein Unglück.
Franziska Linkerhand

uns kann nichts mehr imponieren

Ob es zutrifft, daß die Männer sich immer mehr aufs Sachliche zurückziehen und den Frauen das »Schöngeistige« überlassen, wage ich nicht zu beurteilen. Ich weiß nur soviel, daß mich die meisten Männer nach kurzer Zeit entsetzlich langweilen, weil sie nichts zu bieten haben außer ihrem Fachwissen.

Sei gegrüßt und lebe*

Er hat sein Schiff nicht gebaut, aber er sucht immer noch, nach der zweiten Flasche Rotwein, seine Pläne raus.

Franziska Linkerhand*

Im Grunde ist man doch immer allein, dachte er, und er bedauerte sich sehr.

Ankunft im Alltag

Der ganze Mann ist eine Verwirrung. Ich suche immer noch den Faden, mit dem ich beginnen kann, das verfitzte Knäuel von falschen und richtigen Ansichten aufzuspulen.

Die Geschwister

jede Handlung färbt

Er ist klug, er muß wissen, daß Trinken und Rumtoben
und Krakeelen nichts mit Männlichkeit zu tun hat,
und schon gar nichts mit Freiheit.
Ankunft im Alltag

Mister-Universum-Figur. Klassisch. Eine Statue. Er wäre vollkommen gewesen, wenn Gott ihn mit Stummheit geschlagen hätte …
Franziska Linkerhand *

Er kommt aus dem Takt, wenn er den Mund aufmacht,
und macht den Mund auf, um eine Taktlosigkeit zu sagen …
Franziska Linkerhand *

Schade, daß ich balzende Männer spätestens nach zwei Stunden satt habe; ich finde sie dann nicht mal mehr amüsant.
Ich bedaure nichts

So eine Entdeckung, daß man »auf derselben Welle sendet«,
ist immer wieder ein großes Abenteuer, ein Glücksfall.
Brigitte Reimann – Hermann Henselmann *

empfand eine starke Sehnsucht

Die meisten Männer sind nicht imstande, mit einer Frau Freundschaft zu halten, ohne erotische Basis …

Grüß Amsterdam*

Zur Eifersucht gehört ein kleines Gehirn.

Das Mädchen auf der Lotosblume*

Eine Affäre, das ist das Wort, weil Affäre ja nicht nur Fall, Ereignis, Geschichte heißt, sondern auch Frage und – es ist ein vieldeutiges Wort – Verlegenheit und Klemme.

Franziska Linkerhand*

Geliebte ist zweiter Rang.

Ich bedaure nichts*

Schwächen, die man einem Geliebten nachsieht, werden am Ehemann unerträglich, weil man mitverantwortlich ist.

Alles schmeckt nach Abschied*

will nicht der Span sein

Sein Ideal heiratet man nicht. Ideale in Hausschuhen
und bei ehelich geregeltem Geschlechtsverkehr
verlieren ohnehin bald ihren Glanz.

Ich bedaure nichts*

Aber ohne den Ofen – oder die Schulter – wär's mir zu kalt.
Alles hat seinen Preis, und Glück – weiß der Teufel, was Glück ist.

Sei gegrüßt und lebe

Warum wagt man nicht unbeschwert glücklich zu sein?
Immer diese Furcht vor dem »Bezahlen« …

Alles schmeckt nach Abschied

Reue ist unter allen unnützen Gefühlen
wahrscheinlich das allerunnützeste.

Ich bedaure nichts

Ein bißchen Bitterkeit gibt erst den richtigen Geschmack.

Post vom schwarzen Schaf*

die Sorgen ihrer Töchter

Schade, daß keine nette schwarze Katze neben mir liegt –
Katze ist besser als Mann.
Sei gegrüßt und lebe

Ich weiß nicht, wie das Wunder hinter der Straßenecke aussieht.
Ich weiß nur, daß dann alles ganz anders sein wird …
Das Mädchen auf der Lotosblume

Ich kann nicht leben ohne diesen euphorischen Rausch einer
neuen Liebe mit all ihren Stationen, mit ihrem Schmerz,
mit ihrem Betrug und Selbstbetrug.
Ich bedaure nichts

Liebe hat etwas Allumfassendes, sie umschließt Frauen wie
Blumen, Arbeit wie Kunstwerke, jene Erotik und Sinnenfreude,
die bei einem gewissen Künstlertyp,
jede Gebärde, jeden Gedanken, jede Handlung färbt.
Ich bedaure nichts*

… soviel Wind und kein Segel

Vielleicht lebt in jedem Menschen der Wunsch, sich selbst zu überdauern, sei es durch ein Kind, sei es durch ein Werk, und der bleibt auch, wenn man in ein Alter kommt, wo man begreift: man wird nie das schaffen, was man früher mal von sich erwartet, wenigstens erhofft hat.
Grüß Amsterdam

Wahrscheinlich ist das Schreiben eine Art Reise in eine fremde und zugleich vertraute – selbstgeschaffene – Welt.
Alles schmeckt nach Abschied*

Man durchschaut sich, seine Träume, seine Vorstellungen – das ist lästig und anstrengend.
Alles schmeckt nach Abschied

Ich hab so einen netten Kinderglauben an die Kraft von Ideen, die den Menschen auch in seinem tiefsten Inneren verwandeln. Aber nein, man spürt nichts davon.
Ich bedaure nichts

in dieser unruhigen Welt

Vielleicht liebe ich nur etwas Vergangenes, halb Vergessenes, Kindheit, die mir die Erinnerung als Idyll vorgaukelt, und obgleich ich das Gaukelspiel durchschaue und hundert nüchterne Einwände habe, blicke ich mit einer Art sentimentalen Vergnügens auf den zuckenden Filmstreifen der Erinnerungen, auf diese Folge kolorierter Genrebildchen.

Die Geschwister*

Früher dachte ich an das Leben, an mein unbemessenes Leben, wie an den Hirsetopf im Märchen, du löffelst und löffelst und kommst nicht auf den Grund, wunderbar, die Hirse quillt von selbst nach, und der Topf wird niemals leer …

Franziska Linkerhand

Du hast nicht alle Zeit der Welt, und wagst Dauer, weil du selbst nicht von Dauer bist.

Franziska Linkerhand*

Frauen wie Blumen

Als junger Autor stellt man es sich herrlich vor, bekannt zu sein – später ist es bloß noch eine Last. Nicht mal das Gefühl befriedigter Eitelkeit hilft darüber hinweg: denn je länger man schreibt, desto strenger und unzufriedener wird man mit sich selbst, und man sieht, daß man durchaus keinen Grund zur Eitelkeit hat.

Grüß Amsterdam

Schriftsteller sind weniger originell, als sie selbst von sich annehmen.

Grüß Amsterdam

Dieses machtlose, feige Sich-Beugen unter eine ungerechte Zensur ist das Bedrückendste – bedrückender als die Zensur an sich. Immer wieder Konzessionen des Autors, Konzessionen, mit denen man sich die Veröffentlichung erkauft.

Ich bedaure nichts*

Schweigen ist schrecklich, wie eine heimliche Krankheit.

Alles schmeckt nach Abschied

bloß das halbe Vergnügen

Verwerflich, armselig der Künstler, der sich fürchtet – vor Kritikern, Verlegern, Kunstkommissionen oder jenen anonymen »Maßgeblichen«; der Wahrheit nicht ungeschminkt zu sagen wagt, der sich selbst zensuriert, hier ein Stück von der Wahrheit abzwackt, dort ein Stück rosa überpinselt; der mit der linken Hand schreibt oder malt und mit der rechten Hand nach einem Preis greift …

Das Mädchen auf der Lotosblume

Wenn wir nach den Rezepten Bücher schreiben,
langweilen sich die Leser zu Tode –
falls nicht vorher schon die Literatur gestorben ist.

Alles schmeckt nach Abschied

Unter dem Aspekt der »historischen Wahrheit«
wird die Wirklichkeit umgebogen.

Alles schmeckt nach Abschied

Die halbe Wahrheit ist eben auch Lüge.

Ich bedaure nichts*

nur für Minuten vorhält

Wenn einer nichts mehr zu sagen hat, weil seine Muse steril geworden ist, dann kokettiert er mit seiner »Krise«. Krise macht interessant und gehört jetzt, scheint's, zum guten Ton …

Das Mädchen auf der Lotosblume

Warum so viele Leute unleidlich werden, wenn sie Erfolg haben, und warum Erfolg so oft zusammengeht mit Verrat an sich selbst, und warum er manche satt macht, daß sie an Leib und Seele verfetten, und manche macht er unsicher, was beinahe noch schlimmer ist, weil hinter dieser Unsicherheit so etwas wie schlechtes Gewissen steckt, das überspielt, überschrien, mundtot gemacht werden muß.

Sei gegrüßt und lebe*

Übrigens lohnt es sich bei vielen Leuten wirklich nicht, sie wiederzuerkennen.

Ich bedaure nichts*

Verlegenheit und Klemme

Dem Absoluten aber, dem Vollkommenen gegenüber sind wir skeptisch, – obgleich wir doch unseren gewählten Vorbildern und Freunden nichts mehr wünschen als Vollkommenheit.

Brigitte Reimann – Hermann Henselmann*

In einem gewissen Alter verwirft man seine Vorbilder, sie sind einem im Wege, wenn man nach Selbstbestätigung sucht.

Brigitte Reimann – Hermann Henselmann

Mein Held darf böse sein, aber nicht kleinlich; unmoralisch, wenn seine Unmoral Format hat.

Ich bedaure nichts

Bleiben wir den literarischen Figuren treu; die Lebendigen, die Vorbilder sind's nicht wert.

Alles schmeckt nach Abschied

Mister-Universum Figur

Nicht immer wird dem aufgetan, der anklopft.

Das Mädchen auf der Lotosblume*

Manchmal ist eine Reise schon auf dem Bahnhof zu Ende,
wegen eines vergessenen Koffers.
Manchmal scheitern Unternehmen an einem Wort.

Die Geschwister

Fußballer müsstest du sein oder zehnzwo laufen, jeder
überzüchtete Wadenmuskel hat mehr Chancen als du und ich.

Franziska Linkerhand

Bücher verlegen, das ist sicher so aufregend wie Bücher schreiben.

Franziska Linkerhand*

Die Lektoren sind das Fegefeuer für die Schriftsteller.

Grüß Amsterdam*

Ein Schriftsteller ohne Leser ist wie tot.

Grüß Amsterdam*

etwas außer der Ordnung

Man soll auch an der kleinsten Chance nicht grußlos vorübergehen.

Franziska Linkerhand*

Jammer ohne Publikum ist bloß das halbe Vergnügen.

Sei gegrüßt und lebe

Dankbarkeit ist die Tugend schlichter Naturen, die im Kino heulen,
wenn sich das Liebespaar nicht kriegt, und sich einbilden,
ein böser Mensch sieht wie der Buhmann aus.

Franziska Linkerhand

Ich wünsche mir einen blauen Strauch, oder einen rosa Baum,
oder den Himmel grün … irgend etwas außer der Ordnung,
eine Kokospalme, Nordlicht, Sonne mitten in der Nacht.

Franziska Linkerhand

schickt ihren Ruf über das Wasser

Ich habe keine Freude am Geschaffenen, am Erreichten, ich habe nur Freude am Schaffen und all der Quälerei, die dazugehört.

Ich bedaure nichts

Ein Buch beenden ist schlimm, wenn man nicht am nächsten Tag ein anderes anfangen kann.

Alles schmeckt nach Abschied*

Du hast zu viel Angst, vor zu vielen Dingen auf der Welt.

Franziska Linkerhand

Die Kurve beginnt in einem Tiefpunkt.

Brigitte Reimann – Hermann Henselmann*

Arbeit wie ein Rauschmittel; sie ist einfach ein Glück, eine Selbstbefriedigung, ein zugleich egoistisches und altruistisches Vergnügen …

Ich bedaure nichts*

benehme mich ganz natürlich

Ich empfand eine starke Sehnsucht, mich unlösbar einer Familie, Freunden, einer Landschaft, dem Land verbunden zu fühlen, und ich dachte, was ich je gearbeitet habe, sei dieser Sehnsucht entsprungen, dem Wunsch nach dem Aufgehoben-Sein, das ich noch nicht, noch immer nicht erreicht hatte.

Franziska Linkerhand*

Was ich zu sagen habe, sage ich in meinem Buch.

Grüß Amsterdam

Ich fühlte auf einmal, wie jung ich bin, wie aufregend mein Leben ist: immer neue Menschen, immer wieder neue Leidenschaften, immer Ehrgeiz, eine Arbeit, die mir Zufriedenheit nicht gestattet – ein herrliches Leben voller Entdeckungen. Ich werde nie alt.

Ich bedaure nichts

siebzig Jahre im Glücksfall

… was ich zu sagen habe

Brigitte Reimann

1933 geboren in Burg bei Magdeburg.

1951 Abitur. Veröffentlichung erster Laienspiele. Bis Herbst 1953 Grundschullehrerin.

1953 Aufnahme in die Arbeitsgemeinschaft Junger Autoren des Deutschen Schriftstellerverbandes (DSV) in Magdeburg. Erste Heirat.

1954 Fehlgeburt. Sebstmordversuch.

1956 Aufnahme in den DSV.

1959 Zweite Heirat mit Schriftsteller Siegfried Pitschmann.

1960 Im Januar Umzug nach Hoyerswerda. Im Kombinat Schwarze Pumpe arbeitet B.R. in einer Brigade mit und leitet mit Siegfried Pitschmann einen Zirkel schreibender Arbeiter.

1961 Reise nach Prag.

1963 Wahl in den Vorstand des DSV.

Mitglied der Jugendkommission beim Politbüro des ZK der SED (Kommission 1966 aufgelöst).

Einladung des Sowjetischen Schriftstellerverbandes nach Moskau, Reise mit Christa Wolf.

1964 Teilnahme an der II. Bitterfelder Konferenz.

Sibirienreise als Mitglied einer Delegation des Zentralrats der FDJ. Dritte Heirat.

1965 Im Mai Teilnahme am Internationalen Schriftsteller-treffen Berlin und Weimar.

1968 B.R. unterzeichnet mit 32 anderen Mitgliedern des Kulturbundes Hoyerswerda eine Beschwerde an den Staatsrat wegen fehlender kultureller Einrichtungen in Hoyerswerda-Neustadt.

Am 20. August Einmarsch von Truppen der Warschauer-Pakt-Staaten in die ČSSR.

Weigerung, die zustimmende Erklärung des DSV zu unterschreiben.

Im Sommer Krebserkrankung und Operation.

Im November Umzug nach Neubrandenburg.

1971 Erneute Krankenhausaufenthalte und schwere Operationen. Vierte Heirat.

1973 Brigitte Reimann stirbt in Berlin-Buch.

Ausgewählte Literarische Arbeiten

1956 »Die Frau am Pranger« (Erzählung), Verlag Neues Leben, Berlin

»Kinder von Hellas« (Erzählung), Verlag des Ministeriums für Nationale Verteidigung, Berlin

1961 »Ankunft im Alltag« (Roman), Verlag Neues Leben, Berlin

1962 »Die Frau am Pranger« (Fernsehspiel)

1963 »Die Geschwister« (Erzählung), Aufbau-Verlag, Berlin

1965 »Das grüne Licht der Steppen«. Tagebuch einer Sibirienreise, Verlag Neues Leben, Berlin

1969 Fernsehessay »›Sonntag, den ...‹ – Briefe aus einer Stadt«

1974 »Franziska Linkerhand« (Roman), Verlag Neues Leben, Berlin

Preise

1961 Literaturpreis des Freien Deutschen Gewerkschaftsbundes (FDGB) für die Hörspiele: »Ein Mann steht vor der Tür« und »Sieben Scheffel Salz« (gemeinsam mit Siegfried Pitschmann)

1962 Literaturpreis des FDGB für »Ankunft im Alltag«

1965 Heinrich-Mann-Preis der Deutschen Akademie der Künste für »Die Geschwister« und Carl-Blechen-Preis des Rates des Bezirkes Cottbus

Mehr Information unter: www.brigittereimann.de

Anke Feuchtenberger

1963 geboren in Berlin (DDR), lebt und arbeitet freiberuflich als Zeichnerin und Autorin in Vorpommern, lehrt Zeichnen und Graphische Erzählung an der HAW Hamburg.

Ausgewählte Einzelausstellungen

2018 Tracht und Bleiche, LWL Museum für Kunst und Kultur, Münster
Anke Feuchtenberger – Selected Works, University of Massachusetts, Amherst

2017 Siebdrucke, Druckdealer, Hamburg
Galerie FB69, Münster
Literaturforum im Brechthaus, Berlin
Ratatá, Comicfestival Macerata

2016 Cultural Center Espoo, Helsinki
Squadro, Galleria Stamperia del Arte Contemporanea, Bologna

2014 Lob des Kohlenstoffs, Kunstmuseum Erlangen

2013 Anke Feuchtenberger, Kunstmuseum Nanjing
Anke Feuchtenberger, Galerie Martel, Paris

2011 Gallery Charlotte Fogh Contemporary, Arhus

2009 Kryptogame, Galerie FB69, Münster

2008 Teatro Razi, Ravenna
Goethe-Institut, Montreal

2007 Il paese del cuculo, Centro Culturale Pier Paolo Pasolini, Agrigento
Galerie Feinkunstkrüger, Hamburg
Squadro, Galleria Stamperia del Arte Contemporanea, Bologna
D406, Galleria d´arte contemporanea Modena
Kunstverein Rüsselsheim
Transpopgallery, Kyoto
Hero und Leander, Kunstmuseum Luzern

2004 Museum Buxtehude

2003 D406, Galleria Stamperia del Arte Contemporanea, Modena

2001 Kunsthalle Anklam

2000 Feuchtenberger – Der Palast, Das Haus und Frau Trockenthal, Westwerk, Hamburg

1998 Galerie Streitenfeld, Oberursel
Hure, Hase und Hornisse, Moritzbastei, Leipzig

1997 Erotic Art Museum, Hamburg

1995 Galerie am Scheunenviertel, Berlin
Plakatmuseum am Niederrhein, Emmerich
Moritzbastei, Leipzig

1993 Goethe-Institut, Paris

Ausgewählte Gruppenausstellungen

2019 Aus dem Rahmen fallen …, Brandenburgisches Landesmuseum für moderne Kunst Frankfurt/Oder

2019 Es zog mich durch die Bilder, Landesgalerie Linz

2018 100 Jahre Frauenwahlrecht!, Kunstsammlung im Deutschen Bundestag
Die Neunte Kunst, Horst-Janssen-Museum, Oldenburg
Garten der Lüste, Kunststiftung des Landes Sachsen-Anhalt, Burg Giebichenstein Halle

2016 Drawing Now, präsentiert von Galerie Martel, Paris
Itch under the skin, Charlotte Fogh Gallery, Aarhus
Comix Creatrix: 100 Women Making Comics, House of Illustration, London

2012 Cartographies of Memory and the Everyday, Archeological Museum Guimaraes
Un autre histoire, Museum Angoulème

2007 Comics, Designmuseum Lahti
Feuchtenberger and students, Mangamuseum Kyoto

2006 New Graphicdesign in East Asia, Osaka
Adam Baumgold Gallery, New York

2001 Bologna Fiera, Bologna
Mutanten.comicavantgarde, Museum NRW-Forum Düsseldorf

1997 Galerie am Chamissoplatz, Berlin

1995 Wilhelm Busch Museum, Hannover

1994 PGH Glühende Zukunft, Märkisches Museum, Berlin

Ausgewählte Bücher

»Le memorie della menta piperita«, mit Elena Morando, Else Edizioni, Roma 2016

»Die Spaziergängerin« Reprodukt, Berlin 2012

»Die hollandische Schachtel« Kinderbuch, MamiVerlag, 2011

»Superlacrimella« Logos, Modena 2011

»Wenn mein Hund stirbt, mach ich mir eine Jacke« Kikipost, Hamburg 2005

»Anke Feuchtenberger« Monographie, Hunan Fine Arts Publishing House, Shen Zhen 2005

»Die Hure H« 3 Bände, von 1995–2007 mit Katrin de Vries, Edition Moderne, Zürich und Reprodukt, Berlin

»Das Haus« Reprodukt, Berlin 2001

»Die Biographie der Frau Trockenthal« Jochen Enterprises, Berlin 1999

»Somnambule« Jochen Enterprises, Berlin 1998

»Mutterkuchen« Jochen Enterprises, Berlin 1995

Preise

2008 Max und Moritz Preis »Bester Deutscher Comic-zeichner«, Internationaler Comicsalon Erlangen

2003 Icograda, Special Award, International Poster Biennale Lahti

1997 e.o.plauen Preis

Mehr Information unter: www.ankefeuchtenberger.de

Textnachweis

Seite 5: Uwe Johnson erfand die »Katze Erinnerung« für Gesine Cresspahl, Hauptfigur der Tetralogie »Jahrestage«. Suhrkamp Verlag, Frankfurt am Main 1970.

Seite 6: Marcel Reich-Ranicki über die Tagebücher von Brigitte Reimann im Literarischen Quartett am 24. 8. 1998.

Zitiert wird nach folgenden Buchausgaben von Brigitte Reimann:

»Alles schmeckt nach Abschied«. Tagebücher 1964–1970, Hg. Angela Drescher, Aufbau-Verlag, Berlin 1997

»Ankunft im Alltag«. Roman, Aufbau Taschenbuchverlag, Berlin 1999

»Das grüne Licht der Steppen«. Tagebuch einer Sibirienreise, Aufbau Taschenbuch Verlag, Berlin 2000

»Das Mädchen auf der Lotosblume«. Zwei unvollendete Romane, Aufbau-Verlag, Berlin 2003

»Die Geschwister«. Erzählung, Aufbau-Verlag, Berlin 1962

»Franziska Linkerhand«. Roman, ungekürzte Neuausgabe, Aufbau-Verlag, Berlin 1998

»Grüß Amsterdam«. Briefwechsel 1956–1973 mit Irmgard Weinhofen, Hg. Angela Drescher / Dorit Weiske, Aufbau Taschenbuch Verlag, Berlin 2003

»Ich bedaure nichts«. Tagebücher 1955–1963, Hg. Angela Drescher, Aufbau-Verlag, Berlin 1997

»Mit Respekt und Vergnügen«. Briefwechsel 1963–1970 mit Hermann Henselmann, Hg. Ingrid Kirschey-Feix, Aufbau Taschenbuchverlag, Berlin 2001

»Post vom schwarzen Schaf«. Briefwechsel 1960–1972 mit den Geschwistern, Hg. Heide Hampel / Angela Drescher, Aufbau Verlag, Berlin 2018

»Sei gegrüßt und lebe«. Briefwechsel 1964–1973 mit Christa Wolf, Hg. Angela Drescher, Aufbau-Verlag, Berlin 1993

Editorische Notiz

Für diese Ausgabe sind alle veröffentlichten Texte von Brigitte Reimann durchgesehen worden. Der vorgefundene Schatz an Lebensweisheiten sprengt jeden Rahmen. Mögen sich die Leserinnen und Leser mit dieser Auswahl zur eigenen Lektüre angeregt fühlen. Die Herausgeberin entschied sich, eine Sammlung zu den Stichworten Leben & Einsichten, Generationen & Geschlechter, Schreiben, Schriftsteller & Kunst zusammenzustellen.

Die mit * gekennzeichneten Zitate sind redaktionell bearbeitet. Es wurden Kürzungen vorgenommen oder Nebensätze in Hauptsätze umgewandelt. Der ursprüngliche Sinn blieb erhalten. Der Text übernimmt die Rechtschreibregeln der angegebenen Ausgaben.

Herausgeberin

Heide Hampel, geboren 1946 in Berlin-Tempelhof war langjährige Leiterin des Literaturzentrums Neubrandenburg mit dem Brigitte-Reimann-Archiv. Sie ist Herausgeberin von Büchern über Hans Fallada und Brigitte Reimann.

Winfried Braun, geboren 1952 in Neubrandenburg, betreut ehrenamtlich Bestände im Archiv des Literaturzentrums Neubrandenburg.

Der Abdruck der Zitate von Brigitte Reimann erfolgt mit Genehmigung des Aufbau Verlages.
Herausgeberin und Verlag danken für die freundliche Unterstützung.

Die Deutsche Nationalbibliothek verzeichnet diese Publikation
in der Deutschen Nationalbibliografie;
detaillierte bibliografische Daten sind im Internet über
http://dnb.d-nb.de abrufbar.

1. Auflage 2019

Berliner Allee 38 · 13088 Berlin · Tel. (030) 41 93 50 14
info@steffen-verlag.de · www.steffen-verlag.de

Herstellung: STEFFEN MEDIA · Friedland – Berlin – Usedom
www.steffen-media.de

ISBN 978-3-95799-078-5